채지충의 만화로 보는 동양철학
7

옮긴이 이신지
이화여자대학교 중어중문학과를 졸업했다.
중국인민대학교에서 중문학을 공부하고 번역 활동 등을 하고 있다.

漫畫孫子兵法・韓非子 (The Art of War / Hanfeizi in Comics)
Copyright ⓒ 2013 by Tsai Chih-Chung
Korean Translation Copyright 2024 by DULNYOUK Publishing Co.
This translation is published by arrangement with Locus Publishing Company through SilkRoad Agency, Seoul, Korea.
All rights reserved.

이 책의 한국어판 저작권은 실크로드 에이전시를 통해 Locus Publishing Company와 독점 계약한 도서출판 들녘에 있습니다. 저작권법에 의해 한국 내에서 보호를 받는 저작물이므로 무단 전재와 복제를 금합니다.

채지충의 만화로 보는 동양철학 · 7
손자병법 병서의 바이블
ⓒ 들녘 2024

초판 1쇄	2024년 12월 31일			
지은이	채지충(蔡志忠)			
옮긴이	이신지			
출판책임	박성규	펴낸이	이정원	
편집주간	선우미정	펴낸곳	도서출판 들녘	
기획이사	이지윤	등록일자	1987년 12월 12일	
편집	이수연·이동하·김혜민	등록번호	10-156	
표지 디자인	하민우	주소	경기도 파주시 회동길 198	
마케팅	전병우	전화	031-955-7374 (대표)	
경영지원	김은주·나수정		031-955-7384 (편집)	
제작관리	구법모	팩스	031-955-7393	
물류관리	엄철용	이메일	dulnyouk@dulnyouk.co.kr	

ISBN	979-11-5925-917-3 (07150)
세트	979-11-5925-907-4 (07150)

값은 뒤표지에 있습니다. 잘못된 책은 구입하신 곳에서 바꿔드립니다.

채지충의 만화로 보는 동양철학 · 7

손자병법

병서의 바이블

채지충(蔡志忠) 지음 · 이신지 옮김

들녘

서문

싸우지 않고 이기는 것이 최상의 승리다

들녘 편집부

『손자병법』은 이천오백 년 전 중국 춘추시대에 손무(孫武)가 저술한 병서(兵書)다. 당시 중국에서는 칠십여 개의 크고 작은 나라가 끊임없이 전쟁을 벌이고 있었다. 그 혼란이 사백여 년이나 계속되었다. 전쟁에 필요한 전술과 전략을 다룬 『육도삼략』과 『오자병법』 같은 병서가 우후죽순처럼 쏟아져 나왔고, 손자병법도 그 시기에 쓰였다.

『손자병법』은 후한 말 조조가 주석을 달고 해석한 뒤, 지금까지 전해져 내려와 광범위하게 읽히며 크게 영향을 미치고 있다. 동서양을 막론하고 병법학의 최고 교과서로 자리한 것이다. 물론 서양에서도 클라우제비츠의 『전쟁론』과 같은 훌륭한 병법서들도 있지만 전문가들은 『손자병법』을 으뜸이라고 평한다. 손자병법은 "싸워서 이기는 방법"이 아니라, "싸우지 않고 이기는 방법"을 가르치는, 높은 차원의 사상서이기 때문이다.

나폴레옹은 『손자병법』을 항상 옆에 놓고 읽었다는 이야기가 있으며, 제1차 세계대전에서 패한 독일 황제 빌헬름 2세도 훗날 『손자병법』을 읽고 "이 책을 이십 년 전에 읽었더라면!" 하며 탄식했다는 이야기도 전해진다. 중국의 모택동은 『손자병법』의 내용을 재해석해, 16자 전법을 창안했고, 자신의 군대보다 수적으로 훨씬 많았던 국민당 군대를 패퇴시키고 중국 대륙을 차지하기도 했다.

손무는 공자(孔子)와 거의 같은 시대 사람이다. 그는 제(齊)나라에서 태어나 전란을 피해 오(吳)나라로 갔던 것으로 알려졌다. 기원전 522년, 초(楚)나라의 오자서(伍子胥)가 그의 아버지와 형을 죽인 초나라 평왕(平王)에게 복수하기 위해 오(吳)나라로 도망갔다. 그 후 오자서는 오나라 왕 합려의 신하가 되어 평왕에게 복수하고자 했으며, 국력을 신장시키려고 각지에서 인재를 모았다. 바로 이때 손무도 오나라에 있었다. 일찍이 손무의 재능을 알고 있었던 오자서는 손무를 오왕에게 강력하게 추천했다.

그리하여 손무는 병법 13편을 오왕 합려에게 바쳤고, 오왕은 이를 읽고 감탄하여 손무를 초나라를 공격하는 상장군으로 삼았다. 오나라와 초나라는 대대로 원수지간으로 육십여 년 동안 전쟁을 계속해왔다. 당시 오나라는 국토가 작고 병력이 부족한 작은 나라였고, 초나라는 강대국이었다. 오나라는 초나라를 함부로 침공할 수가 없었다. 그 와중 손무가 임명되어 새로운 전략 전술로 초나라와 맞붙을 힘을 쌓아가고 있었다.

기원전 512년, 오왕 합려는 초나라를 침공하려고 했다. 그러나 손무는 "전쟁이 오래 계속되어 백성들이 피폐해져 있습니다. 때가 아직 이르지 않았으니 잠시 기다려야 합니다"라고 간

언해 오왕의 공격을 중단시켰다.
손자는 육 년 동안 자신의 병법을 활용해 초나라에 대한 정보를 수집했으며, 간첩을 통해 혼란을 일으키기도 했다. 초나라가 외교적으로 고립되도록 전략을 펼쳤다. 초나라의 속국인 당(唐)과 채(蔡)나라가 초나라에 대항하자, 이후 두 나라와 동맹을 맺고 초나라를 침공했다. 오나라는 초나라를 무너뜨린 뒤 제나라와 진나라를 굴복시켜 패권 국가로 군림했다.

『손자병법』은 병법서이기도 하지만 전쟁의 위험성을 경고하는 중요한 저서이기도 하다. 전쟁은 나라가 존속하느냐 망하느냐, 국민의 생과 사가 교차하는 길이므로 신중히 결정해야 한다는 것이 『손자병법』의 주장이다. '한번 죽은 자는 다시 살아올 수 없'기에 현명한 군주는 전쟁을 경계하며, 훌륭한 장군은 전쟁을 삼가고, 전쟁은 목표가 아니라 최후의 수단이 되어야 한다고 역설한다.
만약 전쟁이 닥쳐온다면, 최대한 빠르고 피해 없는 승리를 거두는 것이 최선이라고 했다. 전쟁이 장기전이 되면 재정이 고갈되고, 국민은 막대한 피해를 입는다. 때문에 속전속결로 결판을 지어야 한다는 것이다. 무엇보다 최상의 승리는 "싸우지 않고 이기는 것"이라 주장하는데, 전쟁의 피해를 입히지 않고도 상대를 굴복시키는 것이 최상의 경지에 이른 병법이라는 것이다.
이 책은 『손자병법』의 제일 중요한 핵심을 담아내며, 손자의 생명의 존중 사상까지도 잘 살려냈다. 채지충 작가는 현대에 들어맞지 않는 몇 편은 생략했다고 한다.
현대에 『손자병법』은 전장에서 사용하는 전략서로 한정되지 않고, 정치 및 기업 경영이나 스포츠 전략, 처세 등 여러 분야에서 새롭게 해석·활용되고 있다.

목차

서문   4

손자의 일생   9

시계편(始計篇)   20
- 시계   21
- 전쟁의 다섯 가지 기본 원칙   22
- 도: 뜻을 같이한다   23
- 천: 때의 변화에 대한 법칙   24
- 지: 군대를 주둔시켜 결전할 때 전쟁의 절대적인 승부조건   25
- 장   26
- 법   27
- 칠계: 기본 원칙의 비교   28
- 궤도: 전쟁은 속임수다   30
- 적을 이용하라   32
- 승과 패를 예견한다   33

작전편(作戰篇)   34
- 하루에 쓰는 전쟁 비용은 막대하다   35
- 전쟁은 속전속결로   36
- 지구전의 피해   37
- 용병을 잘하는 장수란?   38

모공편(謀攻篇)   41
- 피 흘려 싸우지 않고 적을 굴복시키는 것이 최상책   42
- 싸우지 않고 승리한다   44
- 전쟁하는 방법   49
- 통수권   51
- 임금이 군사에 가하는 피해 세 가지   52
- 지피지기: 상대를 알고 나를 안다면   55

군형편(軍形篇)   57
- 전략의 목적   58

먼저 이긴 후에 싸운다   62

병세편(兵勢篇)   65
기(奇)와 정(正)   66
기공법과 정공법의 변화   67
기세를 만든다   70

허실편(虛實篇)   72
먼저 주도권을 잡아라   73
용병술은 물처럼   74

군쟁편(軍爭篇)   77
우직지계(迂直之計)   78
장점과 단점   79
풍림화산(風林火山)   81

구지편(九地篇)   84
군사를 잘 쓰는 법   85

용간편(用間篇)   88
정보를 장악해야 전쟁을 장악한다   89
첩자의 다섯 가지 유형   91

손자의 일생

그 후 합려는 작은 오나라를 부흥시켜
서쪽의 대국 초(楚)나라를 치고,
중원을 올라가 제와 진(晉)나라를
굴복시켜 위세를 떨쳤다.

오나라의 명성은
춘추시대 각 나라에 널리 알려졌는데,
그 막후의 공신이 바로 손자였다!

시계편
始計篇

법

궤도:
전쟁은
속임수다

작전편
作戰篇

하루에 쓰는 전쟁 비용은 막대하다

손자가 말한다. 대체로 전쟁 작전으로 군사를 쓰려면 전차와 보급차량을 각 천 대씩 준비해야 하며,

갑옷 입은 병사 십만 명에, 식량을 천 리 밖으로 운송해야 하며,

그렇게 해야만 십만 대군을 움직일 수 있다.

전후방의 군비, 외교정보비를 지출하고, 전차와 갑옷을 비롯한 수리 비용 등 날마다 천금 같은 거액이 소모된다.

전쟁은 속전속결로

시간을 오래 끌면 필히 군대는 지치고 둔해지고 사기를 잃어 공격할 때는 전력이 바닥난다.

대군이 전쟁터로 나가면 이기는 것이 가장 중요한 임무다.

게다가 지구전으로 국가 재정이 바닥나게 된다.

이때, 인근의 적국이 침입해 오면, 아무리 지모를 지닌 뛰어난 영도자라도 감당하기 어렵다.

빨리 돌아오시오!

국방 경비가 벌써 삼십만 냥이나 부족합니다.

이쪽도 비울 수 없습니다!

지구전의 피해

전쟁은 속전속결로 해야 하고
오래 끌어서는 안 된다.

전쟁을 오래 끌면,
절대 국가에 유익하지 않다.

전쟁을 오래 끌수록 손해가 막대하다.
비록 승리한다 해도 그 손실을 보상할 길이 없다.
신속하게 적을 격파하고 전쟁을 끝내야
백성들이 원망하지 않는다.
그러지 않으면 국가 경제는 반드시 붕괴하고 만다.

모공편
謀攻篇

이때 장군이 조바심과 분노를 참지 못해 공격을 명령하면
병사들은 개미 떼처럼 성벽 위를 기어오른다.
그 결과 삼분의 일가량이 죽거나 큰 부상을 입게 된다.

그러고도 성을 함락시키지 못하면,
공격 작전 중에서 가장 비참한 재앙이라 할 것이다.

힘이 약한 군대가 자기 역량을 모르고 정면으로 맞서면

빨리 승패를 결정짓자!

반드시 강한 적의 포로가 된다.

병력이 적보다 강할 때는 포위하고, 병력을 나눠 공격하는 데 익숙해야 하며, 적보다 약하면 방어하고 피하는 데 능숙해야 한다.
지휘력이 뛰어나야 싸우고 수비하고 후퇴할 때 목적을 달성할 수 있다.

통수권

장수는 나라의 기둥이다.

장수가 무덕(武德)을 잘 갖추고 있으면
나라가 반드시 강해지고

장수의 무덕이 부족하면
그 나라는 필히 쇠약해진다.

임금이 군사에 가하는 피해 세 가지

첫째, 군대가 전진해서는 안 될 때 전진하라 하고 후퇴하면 안 될 때 후퇴하라 명령하는 행위. 이는 군대를 속박하는 것이다.

첫째, 싸워야 할 상황인지 아닌지 알면 승리할 수 있다.
둘째, 전투에 얼마나 많은 병력을 투입해야 하는지 파악하면 승리할 수 있다.
셋째, 정부와 국민이 같은 신념을 공유하면 승리할 수 있다.
넷째, 우리가 충분한 준비를 갖췄고, 적은 준비를 갖추지 않았다면 승리할 수 있다.
다섯째, 장수의 재능이 뛰어나고, 임금이 간섭하지 않으면 승리할 수 있다.

이것이 승패를 예측할 수 있는 다섯 가지 조건이다.

군형편
軍形篇

전략의 목적

옛날부터 전쟁을 잘하는 자는 항상 미리 유리한 형세를 만들어 적이 이길 수 없게 하고, 적을 이길 수 있는 기회를 기다렸다.

아군이 패하지 않는 상태를 유지하는 것은 자신에게 달려 있고,

적의 실수로 아군이 승리의 기회를 가질 수 있는가는 완전히 적에게 달려 있다.

따라서 전쟁 잘하는 사람은 적이 승리할 기회를 주지 않는다.
그렇다고 반드시 적을 이긴다고 할 수는 없다.

그러므로 승리를 예측할 수는 있지만
억지로 적의 빈틈을 만들 수는 없다.

이렇게 할 수만 있다면,
방어할 때는 피해를 전혀 입지 않고
공격할 때는 완전한 승리를 거두게 된다.

먼저 이긴 후에 싸운다

전쟁에 능한 자는
절대 패배하지 않을
기초 위에 서서,
적이 그를 이용할
틈을 주지 않으며

적이 실수하면
기회를 놓치지 않는다.

병세편
兵勢篇

기(奇)와 정(正)

수많은 병사를 적은 병사처럼 통솔해야 한다.
이것은 편제(編制)의 문제다.

지휘할 때는 수많은 군대를 한두 개 부대를
전투에 참가시키듯 해야 한다.
이것은 지휘의 문제다.

대군이 적의 공격을 받고도 패배하지 않는 것은 기습과 정공법을 적절하게 운영했기 때문이다.

바위로 달걀을 깨듯이 무적이어야 한다. 이것은 허와 실의 운영 문제다.

기공법과 정공법의 변화

대부분의 전쟁은 정공법(奇功法)으로써

상황 변화에 따라 기습 작전을 펴 승리를 거둔다.

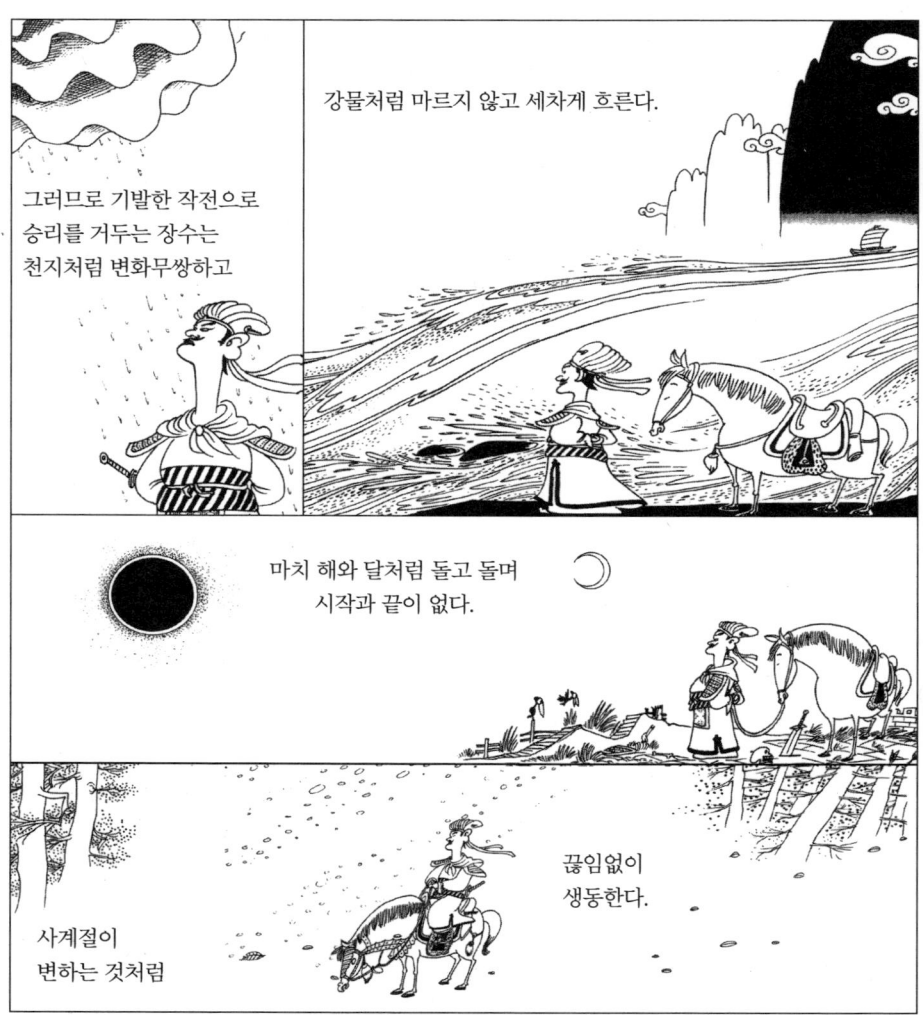

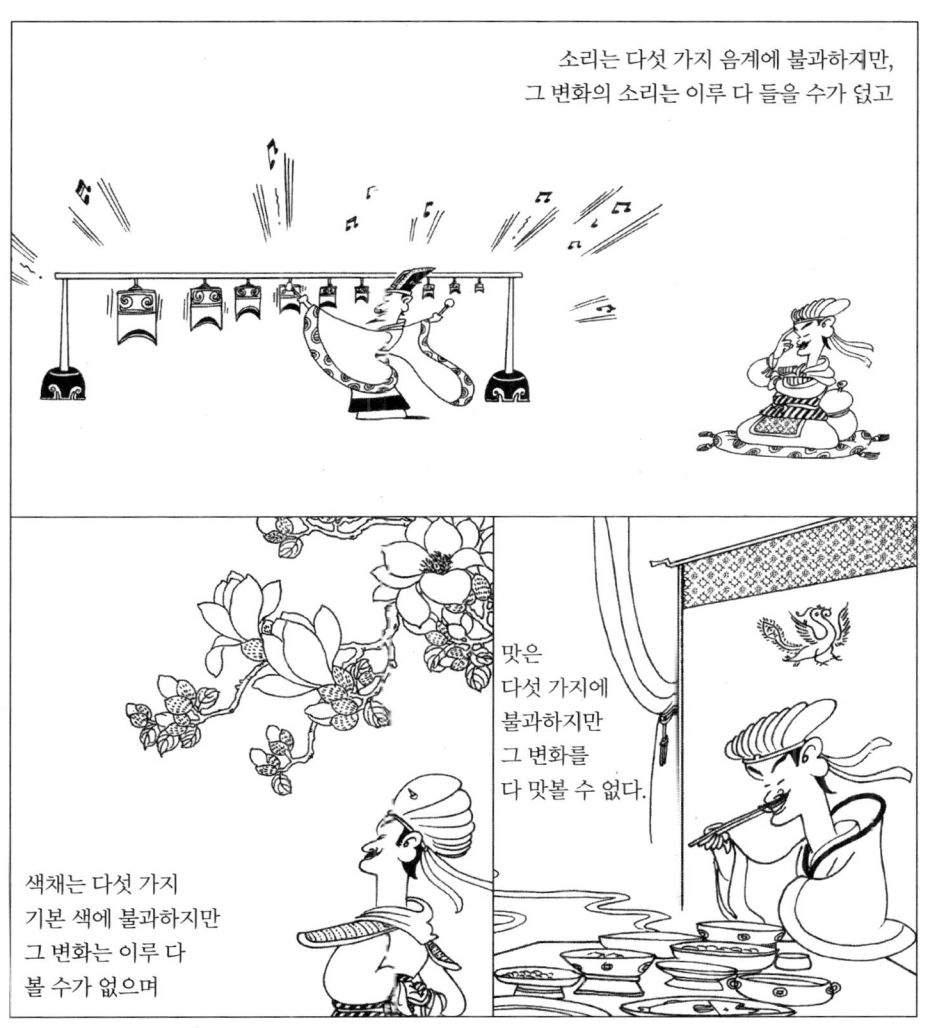

작전의 형태는 기공법(奇功法)과
정공법뿐이지만, 그것을 배합하여
일으킬 수 있는 변화는 무궁무진하다.
기(奇)와 정(正)이 서로 변화하여
마치 원을 따라 도는 것처럼 끝이 없다.

기세를 만든다

전쟁을 잘하는 장수는
승리를 형세(形勢)에서 찾고
부하를 탓하지 않으며

적당한 인재를 선택하여
유리한 형세를 조성할 줄 안다.

형세를 잘 이용하는 장수는
적과 싸울 때 마치
통나무나 돌을 굴리듯 한다.
통나무나 돌은 평지에서는
멈춰 있지만,

가파른 언덕에 두면 굴러 내려가기 마련이다.

그 맹렬한 기세를 누구도 감당할 수 없다.

그러므로 뛰어난 장수가 만든 세(勢)는 마치 천길 낭떠러지에서 굴리는 돌과 같아

이것이 군사적으로 말하는 세라는 것이다.

허실편
虛室篇

먼저 주도권을 잡아라

싸움터에 먼저 도착하여 적을 기다리면
주도적인 위치에 서게 되며

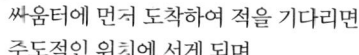

뒤늦게 달려와서 싸움터에 도착하면
수동적인 위치에 서게 되어 고달파진다.

그래서 뛰어난 전략가는
늘 적을 지배하되
조종당하지 않는다.

적을 결전장으로 오도록 하려면
이익을 보여주어 유인하고

군쟁편
軍爭篇

풍림화산
(風林火山)

변화무쌍하게 기만을 잘해야 전쟁에서 성공할 수 있다.

유불리를 판단한 다음에 행동하며

병력의 분산이나 집중은 상황 변화에 따라 결정해야 한다.

풍(風) 군대가 행동할 때는 질풍처럼 빠르게 움직이고 흔적을 남기지 않으며

림(林) 고요할 때는 엄숙하고 숙연하기가 숲속의 나무와 같다.

화(火)
공격할 때는
초원을 삼키는
거센 불길
같아야 한다.

산(山)
방어할 때는 큰 산처럼 우뚝 서서
흔들리지 않아야 하고

음(陰)
숨을 때는 마치 먹구름이 하늘을 가리듯, 적들이 알 길이 없게 한다.

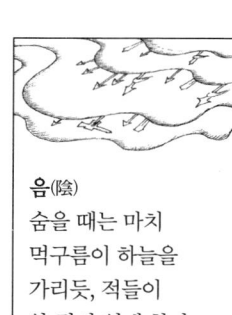

뇌정(雷霆)
신속하게 행동할 때는 번개같이 쳐서 적을 피할 수 없게 한다.

용병은 적의 변화에 따라 정세를 저울질하고 기회를 보아 움직이게 함으로써 승리하는 것이다.
바람, 숲, 불, 산, 음, 뇌정의 경지에 따르면 쉽게 이길 수 있다.

구지편
九地篇

용간편
用間篇

정보를 장악해야 전쟁을 장악한다

십간 대군을 동원하여 천 리 밖으로 원정한다면 백성의 부담이 막대해지고, 매일 엄청난 국가 지출이 발생할 것이다.

나라 안팎이 소란해지고, 군수물자를 운반하다 지쳐, 생업에 종사하지 못하는 자가 칠십만 호에 이른다.

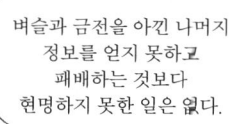

서로 수년간 싸우면서 최후의 승리를 노리는데….

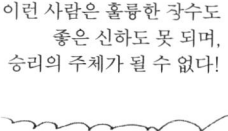

벼슬과 금전을 아낀 나머지 정보를 얻지 못하고 패배하는 것보다 현명하지 못한 일은 없다.

이런 사람은 훌륭한 장수도 좋은 신하도 못 되며, 승리의 주체가 될 수 없다!

 그러므로 현명한 임금과 장수가 지혜롭고 의로운 인재를 뽑아   정보 공작을 맡기면 반드시 큰 공을 세울 수 있다.

이것은 전쟁을 수행함에 있어 가장 중요한 일이다.
간첩이 제공하는 정보로 전군이 행동을 취할 수 있기 때문이다.